ACCOUNTING

LEDGER

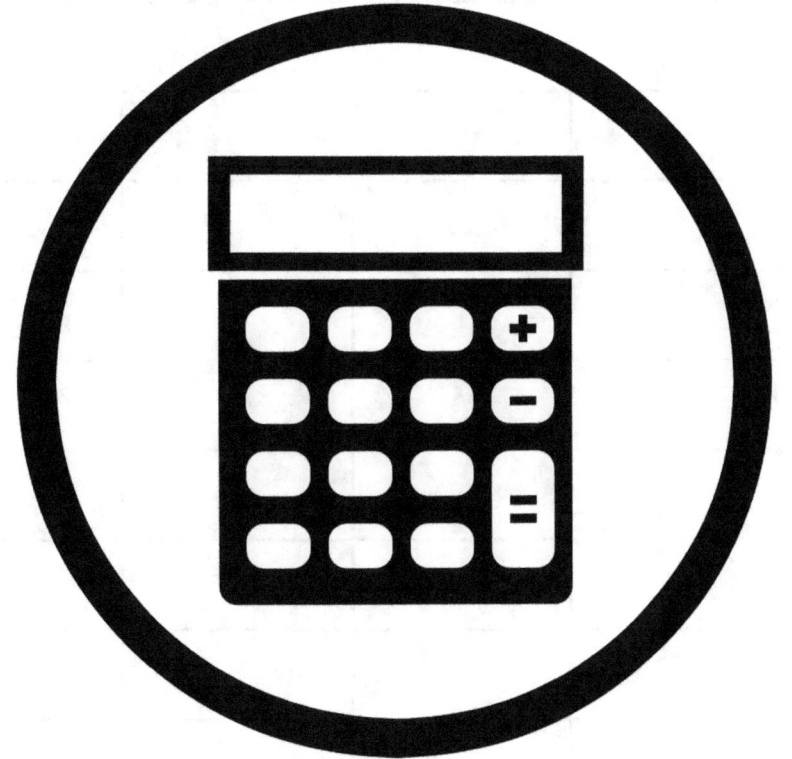

Name: _____

Phone: _____

© 2021 Millie Zoes All rights reserved.

Accounting Ledger

Sheet No.   **Year**

No.	Date	Account	Memo	Payment (Debit)	Deposit (Credit)	Total Balance

Accounting Ledger

Sheet No. **Year**

No.	Date	Account	Memo	Payment (Debit)	Deposit (Credit)	Total Balance

Accounting Ledger

Sheet No. **Year**

No.	Date	Account	Memo	Payment (Debit)	Deposit (Credit)	Total Balance

Accounting Ledger

Sheet No.

Year

No.	Date	Account	Memo	Payment (Debit)	Deposit (Credit)	Total Balance

Accounting Ledger

Sheet No.   **Year**

No.	Date	Account	Memo	Payment (Debit)	Deposit (Credit)	Total Balance

Accounting Ledger

Sheet No. **Year**

No.	Date	Account	Memo	Payment (Debit)	Deposit (Credit)	Total Balance

Accounting Ledger

Sheet No.   **Year**

No.	Date	Account	Memo	Payment (Debit)	Deposit (Credit)	Total Balance

Accounting Ledger

Sheet No. **Year**

No.	Date	Account	Memo	Payment (Debit)	Deposit (Credit)	Total Balance

Accounting Ledger

Sheet No. **Year**

No.	Date	Account	Memo	Payment (Debit)	Deposit (Credit)	Total Balance

Accounting Ledger

Sheet No. **Year**

No.	Date	Account	Memo	Payment (Debit)	Deposit (Credit)	Total Balance

Accounting Ledger

Sheet No. **Year**

No.	Date	Account	Memo	Payment (Debit)	Deposit (Credit)	Total Balance

Accounting Ledger

Sheet No. **Year**

No.	Date	Account	Memo	Payment (Debit)	Deposit (Credit)	Total Balance

Accounting Ledger

Sheet No. **Year**

No.	Date	Account	Memo	Payment (Debit)	Deposit (Credit)	Total Balance

Accounting Ledger

Sheet No. **Year**

No.	Date	Account	Memo	Payment (Debit)	Deposit (Credit)	Total Balance

Accounting Ledger

Sheet No. **Year**

No.	Date	Account	Memo	Payment (Debit)	Deposit (Credit)	Total Balance

Accounting Ledger

Sheet No. **Year**

No.	Date	Account	Memo	Payment (Debit)	Deposit (Credit)	Total Balance

Accounting Ledger

Sheet No.   **Year**

No.	Date	Account	Memo	Payment (Debit)	Deposit (Credit)	Total Balance

Accounting Ledger

Sheet No. **Year**

No.	Date	Account	Memo	Payment (Debit)	Deposit (Credit)	Total Balance

Accounting Ledger

Sheet No. **Year**

No.	Date	Account	Memo	Payment (Debit)	Deposit (Credit)	Total Balance

Accounting Ledger

Sheet No. **Year**

No.	Date	Account	Memo	Payment (Debit)	Deposit (Credit)	Total Balance

Accounting Ledger

Sheet No.   **Year**

No.	Date	Account	Memo	Payment (Debit)	Deposit (Credit)	Total Balance

Accounting Ledger

Sheet No. **Year**

No.	Date	Account	Memo	Payment (Debit)	Deposit (Credit)	Total Balance

Accounting Ledger

Sheet No.   **Year**

No.	Date	Account	Memo	Payment (Debit)	Deposit (Credit)	Total Balance

Accounting Ledger

Sheet No. **Year**

No.	Date	Account	Memo	Payment (Debit)	Deposit (Credit)	Total Balance

Accounting Ledger

Sheet No. **Year**

No.	Date	Account	Memo	Payment (Debit)	Deposit (Credit)	Total Balance

Accounting Ledger

Sheet No.   **Year**

No.	Date	Account	Memo	Payment (Debit)	Deposit (Credit)	Total Balance

Accounting Ledger

Sheet No. **Year**

No.	Date	Account	Memo	Payment (Debit)	Deposit (Credit)	Total Balance

Accounting Ledger

Sheet No. **Year**

No.	Date	Account	Memo	Payment (Debit)	Deposit (Credit)	Total Balance

Accounting Ledger

Sheet No. **Year**

No.	Date	Account	Memo	Payment (Debit)	Deposit (Credit)	Total Balance

Accounting Ledger

Sheet No. **Year**

No.	Date	Account	Memo	Payment (Debit)	Deposit (Credit)	Total Balance

Accounting Ledger

Sheet No. **Year**

No.	Date	Account	Memo	Payment (Debit)	Deposit (Credit)	Total Balance

Accounting Ledger

Sheet No. **Year**

No.	Date	Account	Memo	Payment (Debit)	Deposit (Credit)	Total Balance

Accounting Ledger

Sheet No. **Year**

No.	Date	Account	Memo	Payment (Debit)	Deposit (Credit)	Total Balance

Accounting Ledger

Sheet No. **Year**

No.	Date	Account	Memo	Payment (Debit)	Deposit (Credit)	Total Balance

Accounting Ledger

Sheet No. **Year**

No.	Date	Account	Memo	Payment (Debit)	Deposit (Credit)	Total Balance

Accounting Ledger

Sheet No. **Year**

No.	Date	Account	Memo	Payment (Debit)	Deposit (Credit)	Total Balance

Accounting Ledger

Sheet No. **Year**

No.	Date	Account	Memo	Payment (Debit)	Deposit (Credit)	Total Balance

Accounting Ledger

Sheet No. **Year**

No.	Date	Account	Memo	Payment (Debit)	Deposit (Credit)	Total Balance

Accounting Ledger

Sheet No. **Year**

No.	Date	Account	Memo	Payment (Debit)	Deposit (Credit)	Total Balance

Accounting Ledger

Sheet No. **Year**

No.	Date	Account	Memo	Payment (Debit)	Deposit (Credit)	Total Balance

Accounting Ledger

Sheet No. **Year**

No.	Date	Account	Memo	Payment (Debit)	Deposit (Credit)	Total Balance

Accounting Ledger

Sheet No. **Year**

No.	Date	Account	Memo	Payment (Debit)	Deposit (Credit)	Total Balance

Accounting Ledger

Sheet No.   **Year**

No.	Date	Account	Memo	Payment (Debit)	Deposit (Credit)	Total Balance

Accounting Ledger

Sheet No.

Year

No.	Date	Account	Memo	Payment (Debit)	Deposit (Credit)	Total Balance

Accounting Ledger

Sheet No. **Year**

No.	Date	Account	Memo	Payment (Debit)	Deposit (Credit)	Total Balance

Accounting Ledger

Sheet No. **Year**

No.	Date	Account	Memo	Payment (Debit)	Deposit (Credit)	Total Balance

Accounting Ledger

Sheet No. **Year**

No.	Date	Account	Memo	Payment (Debit)	Deposit (Credit)	Total Balance

Accounting Ledger

Sheet No. **Year**

No.	Date	Account	Memo	Payment (Debit)	Deposit (Credit)	Total Balance

Accounting Ledger

Sheet No. **Year**

No.	Date	Account	Memo	Payment (Debit)	Deposit (Credit)	Total Balance

Accounting Ledger

Sheet No. **Year**

No.	Date	Account	Memo	Payment (Debit)	Deposit (Credit)	Total Balance

Accounting Ledger

Sheet No.   **Year**

No.	Date	Account	Memo	Payment (Debit)	Deposit (Credit)	Total Balance

Accounting Ledger

Sheet No. **Year**

No.	Date	Account	Memo	Payment (Debit)	Deposit (Credit)	Total Balance

Accounting Ledger

Sheet No. **Year**

No.	Date	Account	Memo	Payment (Debit)	Deposit (Credit)	Total Balance

Accounting Ledger

Sheet No. **Year**

No.	Date	Account	Memo	Payment (Debit)	Deposit (Credit)	Total Balance

Accounting Ledger

Sheet No. **Year**

No.	Date	Account	Memo	Payment (Debit)	Deposit (Credit)	Total Balance

Accounting Ledger

Sheet No. **Year**

No.	Date	Account	Memo	Payment (Debit)	Deposit (Credit)	Total Balance

Accounting Ledger

Sheet No. **Year**

No.	Date	Account	Memo	Payment (Debit)	Deposit (Credit)	Total Balance

Accounting Ledger

Sheet No. **Year**

No.	Date	Account	Memo	Payment (Debit)	Deposit (Credit)	Total Balance

Accounting Ledger

Sheet No. **Year**

No.	Date	Account	Memo	Payment (Debit)	Deposit (Credit)	Total Balance

Accounting Ledger

Sheet No. **Year**

No.	Date	Account	Memo	Payment (Debit)	Deposit (Credit)	Total Balance

Accounting Ledger

Sheet No. **Year**

No.	Date	Account	Memo	Payment (Debit)	Deposit (Credit)	Total Balance

Accounting Ledger

Sheet No. **Year**

No.	Date	Account	Memo	Payment (Debit)	Deposit (Credit)	Total Balance

Accounting Ledger

Sheet No.

Year

No.	Date	Account	Memo	Payment (Debit)	Deposit (Credit)	Total Balance

Accounting Ledger

Sheet No.

Year

No.	Date	Account	Memo	Payment (Debit)	Deposit (Credit)	Total Balance

Accounting Ledger

Sheet No. **Year**

No.	Date	Account	Memo	Payment (Debit)	Deposit (Credit)	Total Balance

Accounting Ledger

Sheet No. **Year**

No.	Date	Account	Memo	Payment (Debit)	Deposit (Credit)	Total Balance

Accounting Ledger

Sheet No. **Year**

No.	Date	Account	Memo	Payment (Debit)	Deposit (Credit)	Total Balance

Accounting Ledger

Sheet No. **Year**

No.	Date	Account	Memo	Payment (Debit)	Deposit (Credit)	Total Balance

Accounting Ledger

Sheet No. **Year**

No.	Date	Account	Memo	Payment (Debit)	Deposit (Credit)	Total Balance

Accounting Ledger

Sheet No. **Year**

No.	Date	Account	Memo	Payment (Debit)	Deposit (Credit)	Total Balance

Accounting Ledger

Sheet No. **Year**

No.	Date	Account	Memo	Payment (Debit)	Deposit (Credit)	Total Balance

Accounting Ledger

Sheet No. **Year**

No.	Date	Account	Memo	Payment (Debit)	Deposit (Credit)	Total Balance

Accounting Ledger

Sheet No. **Year**

No.	Date	Account	Memo	Payment (Debit)	Deposit (Credit)	Total Balance

Accounting Ledger

Sheet No. **Year**

No.	Date	Account	Memo	Payment (Debit)	Deposit (Credit)	Total Balance

Accounting Ledger

Sheet No. **Year**

No.	Date	Account	Memo	Payment (Debit)	Deposit (Credit)	Total Balance

Accounting Ledger

Sheet No. **Year**

No.	Date	Account	Memo	Payment (Debit)	Deposit (Credit)	Total Balance

Accounting Ledger

Sheet No. **Year**

No.	Date	Account	Memo	Payment (Debit)	Deposit (Credit)	Total Balance

Accounting Ledger

Sheet No. **Year**

No.	Date	Account	Memo	Payment (Debit)	Deposit (Credit)	Total Balance

Accounting Ledger

Sheet No. **Year**

No.	Date	Account	Memo	Payment (Debit)	Deposit (Credit)	Total Balance

Accounting Ledger

Sheet No. **Year**

No.	Date	Account	Memo	Payment (Debit)	Deposit (Credit)	Total Balance

Accounting Ledger

Sheet No. **Year**

No.	Date	Account	Memo	Payment (Debit)	Deposit (Credit)	Total Balance

Accounting Ledger

Sheet No. **Year**

No.	Date	Account	Memo	Payment (Debit)	Deposit (Credit)	Total Balance

Accounting Ledger

Sheet No. **Year**

No.	Date	Account	Memo	Payment (Debit)	Deposit (Credit)	Total Balance

Accounting Ledger

Sheet No. **Year**

No.	Date	Account	Memo	Payment (Debit)	Deposit (Credit)	Total Balance

Accounting Ledger

Sheet No.   **Year**

No.	Date	Account	Memo	Payment (Debit)	Deposit (Credit)	Total Balance

Accounting Ledger

Sheet No. **Year**

No.	Date	Account	Memo	Payment (Debit)	Deposit (Credit)	Total Balance

Accounting Ledger

Sheet No. **Year**

No.	Date	Account	Memo	Payment (Debit)	Deposit (Credit)	Total Balance

Accounting Ledger

Sheet No. **Year**

No.	Date	Account	Memo	Payment (Debit)	Deposit (Credit)	Total Balance

Accounting Ledger

Sheet No.   **Year**

No.	Date	Account	Memo	Payment (Debit)	Deposit (Credit)	Total Balance

Accounting Ledger

Sheet No. **Year**

No.	Date	Account	Memo	Payment (Debit)	Deposit (Credit)	Total Balance

Accounting Ledger

Sheet No. **Year**

No.	Date	Account	Memo	Payment (Debit)	Deposit (Credit)	Total Balance

Accounting Ledger

Sheet No. **Year**

No.	Date	Account	Memo	Payment (Debit)	Deposit (Credit)	Total Balance

Accounting Ledger

Sheet No. **Year**

No.	Date	Account	Memo	Payment (Debit)	Deposit (Credit)	Total Balance

Accounting Ledger

Sheet No. **Year**

No.	Date	Account	Memo	Payment (Debit)	Deposit (Credit)	Total Balance

Accounting Ledger

Sheet No. **Year**

No.	Date	Account	Memo	Payment (Debit)	Deposit (Credit)	Total Balance

Accounting Ledger

Sheet No. **Year**

No.	Date	Account	Memo	Payment (Debit)	Deposit (Credit)	Total Balance

Accounting Ledger

Sheet No. **Year**

No.	Date	Account	Memo	Payment (Debit)	Deposit (Credit)	Total Balance

Accounting Ledger

Sheet No. **Year**

No.	Date	Account	Memo	Payment (Debit)	Deposit (Credit)	Total Balance

Accounting Ledger

Sheet No. **Year**

No.	Date	Account	Memo	Payment (Debit)	Deposit (Credit)	Total Balance

Accounting Ledger

Sheet No. **Year**

No.	Date	Account	Memo	Payment (Debit)	Deposit (Credit)	Total Balance

Accounting Ledger

Sheet No. **Year**

No.	Date	Account	Memo	Payment (Debit)	Deposit (Credit)	Total Balance

Accounting Ledger

Sheet No.

Year

No.	Date	Account	Memo	Payment (Debit)	Deposit (Credit)	Total Balance

Accounting Ledger

Sheet No. **Year**

No.	Date	Account	Memo	Payment (Debit)	Deposit (Credit)	Total Balance

Accounting Ledger

Sheet No. **Year**

No.	Date	Account	Memo	Payment (Debit)	Deposit (Credit)	Total Balance

Accounting Ledger

Sheet No. **Year**

No.	Date	Account	Memo	Payment (Debit)	Deposit (Credit)	Total Balance

Accounting Ledger

Sheet No. **Year**

No.	Date	Account	Memo	Payment (Debit)	Deposit (Credit)	Total Balance

Accounting Ledger

Sheet No. **Year**

No.	Date	Account	Memo	Payment (Debit)	Deposit (Credit)	Total Balance

Accounting Ledger

Sheet No. **Year**

No.	Date	Account	Memo	Payment (Debit)	Deposit (Credit)	Total Balance

Accounting Ledger

Sheet No. **Year**

No.	Date	Account	Memo	Payment (Debit)	Deposit (Credit)	Total Balance

Accounting Ledger

Sheet No. **Year**

No.	Date	Account	Memo	Payment (Debit)	Deposit (Credit)	Total Balance

Accounting Ledger

Sheet No. **Year**

No.	Date	Account	Memo	Payment (Debit)	Deposit (Credit)	Total Balance

Accounting Ledger

Sheet No. **Year**

No.	Date	Account	Memo	Payment (Debit)	Deposit (Credit)	Total Balance

Accounting Ledger

Sheet No. **Year**

No.	Date	Account	Memo	Payment (Debit)	Deposit (Credit)	Total Balance

Accounting Ledger

Sheet No.   **Year**

No.	Date	Account	Memo	Payment (Debit)	Deposit (Credit)	Total Balance

Accounting Ledger

Sheet No.   **Year**

No.	Date	Account	Memo	Payment (Debit)	Deposit (Credit)	Total Balance

Accounting Ledger

Sheet No. **Year**

No.	Date	Account	Memo	Payment (Debit)	Deposit (Credit)	Total Balance

Accounting Ledger

Sheet No. **Year**

No.	Date	Account	Memo	Payment (Debit)	Deposit (Credit)	Total Balance

Accounting Ledger

Sheet No. **Year**

No.	Date	Account	Memo	Payment (Debit)	Deposit (Credit)	Total Balance

Accounting Ledger

Sheet No. **Year**

No.	Date	Account	Memo	Payment (Debit)	Deposit (Credit)	Total Balance